PERSONAS ALTAMENTE SENSIBLES

Cómo trabajar la motivación para ganar confianza y conseguir objetivos

Susana González

Este es primer manual de una serie para ayudarte a combatir algunas situaciones que se dan en tu vida como consecuencia de poseer el rasgo de la alta sensibilidad. algunas técnicas esenciales en tu vida.

Próximos títulos:

La comunicación asertiva para evitar (y resolver) conflictos.

Comunicación para líderes.

Un nuevo "Yo" con límites personales que sientan bien.

Fotografía de la portada: Vicky Flores Moreira

Copyright © 2021 por Susana Gonzalez

Reservados todos los derechos. Ninguna parte de esta publicación puede ser reproducida, distribuida o transmitida en cualquier forma o por cualquier medio, incluyendo fotocopias, grabaciones u otros métodos electrónicos o mecánicos, sin el permiso previo por escrito del editor, excepto en el caso de breves citas incorporadas. en revisiones críticas y otros usos no comerciales permitidos por la ley de derechos de autor.

www.sensiblesyfelices.com

TABLA DE CONTENIDOS

Capítulo 1: Introducción: cómo conseguir la motivación que necesitas para mejorar tu vida 6

   La activación de la motivación................................. 9

La constancia de la motivación............................. 9

Intensidad de la motivación 10

Capítulo 2: ¿Qué causa los bajos niveles de motivación 11

Creencias limitantes.. 11

Hábitos actuales... 14

Rasgos de la personalidad................................... 15

Problemas de salud... 17

Capítulo 3: Cómo encontrar una fuente de motivación que sea efectiva para ti... 18

Capítulo 4: Técnicas para aumentar su motivació....... 23

Ejercicio n.° 1: El *collage*..................................... 23

Ejercicio # 2: El Vlog... 25

Ejercicio n.° 3: El diario 26

Ejercicio n.° 4: La rutina **27**

Capítulo 5: Cómo canalizar su energía para mantener la motivación **29**

Capítulo 6: Cómo mantener su motivación a largo plazo……………………………………………..……….**33**

Capítulo 7: Conclusión y resumen ……………...……… **35**

Capítulo 1

Cómo conseguir la motivación que necesitas para mejorar su vida

¿Vivimos en un mundo desmotivado? ¿Por qué algunos parece que tienen una motivación nata, como una fuerza que les impele, y otros no? ¿Qué es exactamente la motivación? ¿Por qué necesitamos motivación? ¿Está sobrevalorada? El diccionario lo define como la fuerza que nos impulsa a actuar, la voluntad de hacer algo.

En realidad, todos tenemos un cierto grado de motivación, ya que es esencial para mantenernos vivos. Déjame ponerte dos ejemplos:

Ponte en esta situación: Estás trabajando en un proyecto, quizá escribiendo un libro como éste o envuelto en cualquier otra tarea. O estás entretenido con el móvil, quizás riéndote con las bromas de tus amigos. De repente, sientes una imperiosa necesidad de beber agua. Tienes mucha sed. Empiezas a recibir las señales en tu cerebro. Notas cómo se te seca poco a poco el paladar, sientes un cansancio general, haces movimientos más torpes, parece que se te ha ido la energía y ya no puedes más. Es entonces cuando dejas de hacer lo que estás haciendo y vas a la cocina a beber un buen vaso de agua (o dos).

Ahora imagínate que eres mamá o papá de un bebé tierno e indefenso. Al mirarlo decides que estarás siempre estarás ahí para él. Estás pendiente de cualquier cosa que necesite tu hijo. Estás motivado internamente y nada de lo que haces te parece poco. Haces lo que haga falta con prontitud y diligencia. A partir de ese momento, te involucras en el cuidado y la crianza de ese pequeñín. Sea que llore toda la noche o que tengas que cambiarle los pañales 8 veces al día, lo haces, aunque estés agotado.

En ambos casos se siente una fuerza, un impulso que te lleva a una acción. En el primero es para tu propio beneficio, ya que cubre una necesidad fisiológica. El segundo caso obedece un sentimiento de amor y responsabilidad al cuidar de otro ser humano, que sin tu ayuda, moriría pronto.

¿Te das cuenta? Hemos sido diseñados con fuerza de voluntad (o motivación) y precisamente por eso hemos sobrevivido a lo largo de los años.

La psicología la describe como la fuerza biológica, social, cognitiva o emocional que nos impulsa a hacer algo. Me gustaría que estos ejemplos enraícen en ti la nueva creencia de que, en efecto, tú sí tienes motivación. Todos la tenemos. Esto habrá ampliado la definición que le das en tu cabeza a la palabra motivación. Piensa un poco en ello y pon más ejemplos personales que demuestren que tu motivación es innata. ¿Sientes más confianza personal? ¡Me alegro!

Entonces, ¿qué hay detrás de la motivación exactamente?

Este es uno de mis temas favoritos ya que me fascinan la mente y el cuerpo humano. Quizás hayas oído hablar de la pirámide de Maslow, un psicólogo humanista. Esta pirámide acoge todas las necesidades del ser humano, desde las más básicas y fisiológicas como alimento, agua, sueño y abrigo, hasta las más complejas y psicológicas como nuestra como seguridad y protección: de amor, amistad e intimidad, dando prioridad a la necesidad de estima personal y sentimientos de logro.

Al igual que Carl Rogers, Maslow enfatizó la importancia de la autorrealización, que es un proceso de crecimiento y desarrollo como persona para alcanzar el potencial individual.

Sólo podemos ser felices si nos desenvolvemos en un medio en que todas estas necesidades son cubiertas a mayor o menor grado. Y juegan un papel importante en la motivación del comportamiento humano, es decir, la fuerza interior que nos empuja a tomar acción a fin de satisfacerlas.

Lo que realmente me maravilla es la necesidad de crecimiento, no nos estancamos ni estamos con aquellos que se estancan ya que no nos aportan nada. Esta necesidad no surge debido a la falta de algo, sino del deseo de crecer como persona.

- ¿Te sientes sólo? Entonces, te sentirás impelido a socializar y hacer amigos
- ¿Eres infeliz porque no te valoras lo suficiente? En ese caso, buscarás maneras de cómo aumentar tu autoestima.
- ¿Te aburre la monotonía o estás estancado en un trabajo que no te supone ya ningún reto? Te empujará a idear y perseguir nuevos sueños e incluso, a fomentar esa creatividad que hasta ahora creías dormida.

Por lo general, la gente habla de la motivación como un impulso para hacer realizar cambios o conseguir metas personales y profesionales. A esto te refieres cuando te dices que careces de la motivación suficiente para transformar tu vida y coger hábitos útiles, como levantarte más temprano para salir a correr o comenzar a comer más sano.

Sin lugar a dudas, es un reto que exige disciplina y esfuerzo. En este libro, quiero ayudarte a disponer de la fuerza de voluntad necesaria para hacer lo que quieras, para que te sientas bien contigo mismo y para que saborees el éxito personal que tanto buscas, que sea como un muelle que te sirva para todo emprendimiento, sea chico o grande.

¿De qué está hecha la motivación?

Siempre digo que el conocimiento es tu mejor aliado, así que te animo a empaparte bien de qué es eso de la motivación y cómo actúa en nuestro cuerpo. Sólo así comprenderás cómo funciona y podrás hacer los cambios necesarios o *cambiar creencias* para dar un nuevo rumbo a tu vida.

¿Conoces a alguien que siempre te cuenta que le gustaría hacer un montón de cosas pero que al final no hace nada? ¿Conoces a alguien que siempre está comenzando nuevos proyectos como apuntarse a un curso o ideando un nuevo negocio, pero siempre lo deja a medias y no lo culmina?

Esto demuestra dos verdades fundamentales:

1. que simplemente tener el deseo de hacer algo no es suficiente.
2. lograr tus metas requiere que mantengas tu motivación a través de los obstáculos que sin duda encontrarás.

Aquí están los tres componentes de la motivación:

1. Pensamiento o deseo que nos active, (aquello que nos mueve a tomar la primera acción: para que el coche se mueva encendemos el motor)

2. Persistencia y disciplina (perseverancia durante un periodo de tiempo suficiente para llevarnos a formar el hábito)
3. Intensidad (la cantidad de esfuerzo que pones en conseguir tu objetivo)

Cuando tienes el deseo de lograr un objetivo, algo dentro de ti te empuja a dar un paso en esa dirección. Ese deseo que sientes tan cristalino como el agua es el elemento que activador de la motivación. Cualquier paso que des hacia la consecución de tu meta a partir de ahora está desencadenado por activación de la motivación que ya has generado dando este primer paso. Por ejemplo, dejar las zapatillas de deporte a lado de tu despertador para verlas nada más abrir los ojos y ya te mentalices para salir a correr.

Cuando se ha activado tus ganas de hacer deporte por esta primera acción de poner las zapatillas estratégicamente al lado de la alarma por primera vez, estás emocionado y decidido a establecer una buena rutina de deporte y no puedes esperar para comenzar. Luego, comienzas a hacer esos pasos pero algo pasa y te interrumpe, quizás no has dormido bien esa noche o llega el invierno y el mal tiempo y no te apetece levantarte de la cama. ¡Estás tan calentito entre las mantas! Así que una cosa por otra distraes, empiezas a creer que era una tontería salir a correr o te justificas diciendo que no es necesario, que ya te sientes bien así como estás.

Por otro lado, puede que te des cuenta de que lo que te has propuesto es demasiado difícil o que hay demasiados obstáculos en el camino. Estos obstáculos existirán sin importar el objetivo que estés tratando de lograr, y es el momento en el que la motivación debe fortalecerse mediante algunas de las técnicas que implementaremos y de las que te hablaré más adelante.

Comment [A]:

Hay muchos factores que influyen en las causas para tener bajos niveles de motivación y no tienen nada que ver con la inteligencia, la irresponsabilidad o la pereza de la persona. Un cliente me dijo una vez que él creía que era su carga genética lo que le impedía terminar aquello que empezaba. Creía que era un defecto de marca.

Como ves, he escuchado todo tipo de cosas a la gente como razón (o excusa) para no emprender o terminar proyectos. Sin embargo, la mayoría de las veces, los bajos niveles de motivación pueden desaparecer si se aplican las técnicas adecuadas. Como la práctica hace al maestro, practicar la motivación te ayudará a estar más motivado en el futuro, y te enseñaré cómo.

Capítulo 2

Qué causa los niveles bajos de motivación

¡Buena pregunta!

Los factores que provocan bajos niveles de motivación se pueden dividir en cuatro categorías: creencias limitantes, conductas habituales, peculiaridades de la personalidad y problemas de salud.

En cambio, los factores alentadores de la motivación son, entre otros, el tipo de personalidad, la adquisición de habilidades para el buen desempeño de lo que se trata conseguir, la comunicación (cómo te hablas a ti mismo), los antecedentes culturales y/o familiares.

Discutiremos cada uno de ellos en detalle, algunos ahora y otros a lo largo del libro. Si notas que te aplican bastantes, no te descorazones. Todavía puedes hacer mucho para mantenerte en un estado continuo de motivación.

Las creencias limitantes

Nuestras creencias habituales afectan nuestros niveles de motivación. Una creencia habitual puede ser limitante. En mi opinión son el mayor obstáculo a la realización personal en cualquiera de los sentidos. Son barreras comunes que todos hemos experimentado y permanecen reprimidas en nuestro inconsciente en algún momento de nuestras vidas, hasta que las descubrimos y modificamos. Estas falsedades te mantienen dentro de tu zona de confort donde te sientes "seguro" y te impiden hacer cambios drásticos e importantes en su vida. Tu ego participa en el juego, y para mantenerte a salvo, se encargará de sostener a toda costa estas creencias. Así se interponen en la consecución de tus metas si no las identificas, aíslas, cuestionas y te deshaces de ellas.

Una vez que te liberes de tus creencias limitantes, puedes ser, hacer y tener todo lo que desees.

Pero cuesta mucho identificarlas. Son cosas en las que has creído durante tanto tiempo que parece inconcebible que puedan ser falsas. Es posible que las hayas escuchado tantas veces a personas de tu entorno, muchas veces vienen de tu infancia, que comienzas a creerlas y tenerlas como hechos objetivos. Así que estas creencias limitantes pueden estar fuertemente atrincheradas y puede ser una gran tarea cambiarlas ya que tendrás que hacer un gran trabajo de desarrollo personal para erradicarlas por completo y no vivir más esclavizado a ellas. Por eso, el trabajo en la consulta viene muy bien, ya que provee el espacio adecuado para ayudarte a explorar qué subyace tras estas creencias.

Así que si deseas aumentar tus niveles de motivación, tendrás que examinar cuidadosamente algunas creencias y ver si están causando tu falta de motivación. Tomemos un ejemplo de una creencia limitante para que puedas ver cómo funciona el proceso.

Estibaliz, de 27 años, vino a mí porque tenía depresión. Llevaba más de 7 meses buscando trabajo y aunque conseguía entrevistas, nunca las pasaba. Estaba tan desmotivada que dejó de buscar y echar solicitudes. Ella es una persona altamente sensible y, tirando del hilo sobre este hecho, se dio cuenta de que su creencia era que había tanta gente en paro que probablemente habría otra persona igual o más capacitada que necesitara el trabajo y ella no quería ser un obstáculo para que consiguiera el empleo.

- *El hecho*: estaba deprimida y buscó terapia porque llevaba meses que no conseguía trabajo.
- *1º creencia limitante*: Si ella conseguía un trabajo le estaba quitando el puesto de trabajo a otra persona que lo necesitara y se sentiría culpable y la mala de la película.
- *2º creencia limitante*: Estibaliz no consideraba que tuviera habilidades personales, no creía que tuviera mucho que ofrecer así que si la contrataban a ella pronto "se vería" que era un fraude.

Una vez que detectamos estas creencias que saboteaban su éxito de conseguir empleo, las cuestionamos y contemplamos desde fuera, finalmente Estibaliz pudo reemplazarlas la creencia por otra más saludable y con el tiempo consiguió la motivación que necesitaba para seguir buscando hasta que consiguió un puesto de trabajo adecuado.

¿Te atreves tú a desentrañar las creencias nocivas que hay detrás de tu falta de motivación? Como en el caso de Estibaliz, tus creencias habituales pueden ser la fuerza impulsora que detienen tu motivación. Estas creencias suelen ser irracionales, no siempre son ciertas, ni siquiera son lógicas como en este caso. Simplemente detienen la motivación en seco. Así que se las puede desbancar de un plumazo. Sólo hay que darse cuenta de cuales son.

Tus hábitos actuales

Los comportamientos habituales no se basan en ninguna creencia irracional, los has estado haciendo durante tanto tiempo que, debido a la fuerza de la costumbre, puede ser casi imposible romper el hábito.

Esto era lo que le pasaba a Enrique, quien cuando estaba en el colegio, nunca estudiaba para los exámenes. Siempre aprobaba las materias por lo que se acordaba de las clases. Cuando llegó a la universidad, vio que era mucho más difícil y cuando comenzó a suspender un examen tras de otro, vio el peligro y le entró la necesidad de ponerse a estudiar después de clase y antes de los exámenes. Pero al final siempre se le "olvidaba" completamente, se liaba con otras cosas, como jugar a los videojuegos, y cuando quería acordarse, ya no le apetecía estudiar porque estaba cansado.

Para poder establecer el hábito, tuvo que hacerlo su prioridad, se valió de ayudas visuales en la casa como dibujos y notas, y de la alarma de su reloj antes de que pudiera hacerlo de manera natural. Exigió de él una fuerza de voluntad de hierro.

Los malos hábitos exigen tomar medidas drásticas para romperlos y librarse de ellos a fin de formar nuevas conductas que nos ayuden a lograr nuestras metas.

Por ejemplo, yo me mordí las uñas hasta los 29 años, y aunque quería dejar de hacerlo, era increíblemente difícil. La razón es ésta: Era un comportamientos repetitivo y negativo que hacía a menudo. Es posible que comenzara como mecanismo de defensa, como una forma de reducir el estrés, calmar los nervios y, en general, sentirme mejor. Y aunque era molesto, y no conseguía tener las uñas bonitas como cualquier otra chica, no le hacía daño a nadie. Era esclava de esa conducta repetitiva, porque ara algo que siempre había hecho, así que lo hacía sin darme cuenta.

Peculiaridades de la personalidad

Otra fuente de baja motivación viene en forma de peculiaridades de personalidad.

Estas son cosas sobre ti personalmente que no son hábitos o creencias y no pueden realmente cambiar (aunque a veces se pueden mejorar) que afectan su motivación de varias formas. Los psicólogos han estado estudiando la forma en que los factores de personalidad influyen en la motivación. También influyen en otras partes de su comportamiento y sentimientos. Existe cierto desacuerdo en cuanto a qué parte de la personalidad es genética y cuánto se aprende. Creo que ambos factores influyen y, por tanto, empiezas por donde empiezas, pero puedes aprender a ser de otra manera. Aquí están los cuatro grandes factores.

Las personas *extrovertidas* tienen más probabilidades de estar motivadas por recompensas más tangibles que las introvertidas. Los extrovertidos quieren elevar su estatus. Es probable que el recibir atención y los altos salarios lo motiven. Si eres extrovertido, mi consejo es que busques actividades que te pongan en contacto con mucha gente. Hablar ante grupos, hacer un mayor número de llamadas, todas estas cosas probablemente te motivarán y aumentarán tu productividad.

Las personas *agradables* necesitan amigos. Son muy amables se sienten motivadas al gozar de buenas relaciones con los demás. Valoran la buena comunicación, el tipo de comunicación que implica realmente comprender y ser comprendido. Les motiva el sentimiento de que sus compañeros de trabajo son amigos. Pueden estar más motivados trabajando en un entorno altruista como una organización sin fines de lucro, incluso si su salario es menor.

Las personas *concienzudas* están orientados a las tareas, la efectividad y son buenos para el detalle. Les gusta poder trabajar en un proyecto donde pueden ver los resultados de sus esfuerzos. Son disciplinados. Llegan a sus citas a tiempo, no porque alguien los esté mirando, sino porque es lo "correcto". Su motivación es interna y suelen ser perfeccionistas. Se aseguran de cumplir con las reglas y expectativas del trabajo y saben por qué estas cosas son importantes.

Las personas *ansiosas* están motivadas por aquello que mejore su seguridad y la incertidumbre que encierra el futuro. Están más motivadas por una promesa a largo plazo de un empleo seguro o un fondo de pensiones que por los altos salarios actuales.

Problemas de salud

Algunos problemas de salud, ya sea psicológico o fisiológico pueden causar baja motivación. A menudo, las personas que pasan por todos estos problemas lo hacen a escondidas, no se les han diagnosticado, lo que dificulta más que reciban ayuda. Sienten que no pueden alcanzar sus metas o hacer lo cosas que querían hacer debido a este problema en particular. Si este es tu caso, es esencial que tomes acción y comiences a pensar sobre el papel de la motivación en tu camino hacia una vida feliz. Esfuérzate por diseñar una vida más gratificante para ti. Te diré cómo más adelante.

La depresión es, con mucho, el problema más común de baja motivación cuando hablamos de problemas psicológicos. La depresión puede hacer que la gente quiera quedarse en la cama todo el día sin importar cuánto pueden querer alcanzar sus metas. No pueden ni siquiera planteárselas debido a la enfermedad. La buena noticia es que, una vez que a alguien se le diagnostica depresión y se le da el tratamiento adecuado, hay muchas cosas que todavía puede hacer para romper los muchas creencias y conductas que han tenido hasta ahora y crear nuevos hábitos para que puedan lograr todos sus objetivos.

Capítulo 3

Cómo encontrar una fuente de Motivación que es efectiva para ti

¿Qué puedes hacer para sentirte motivado? Piensa en una primera cosa que puedas usar como impulso, como un trampolín. en esta fuente de motivación como una cubeta de agua. Ánclalo en tu mente para que eches mano de ello cada vez que empieza a flaquear tu motivación. Tiene que ser algo poderoso, que te empuje de veras.
Esto es algo más profundo, algo que lo ayuda a obtener la motivación en primer lugar y comenzar. Ya verás:

1. Lo mejor para hacer esto es conocerte a sí mismo y saber lo que verdaderamente quieres. Tómate tiempo para reflexionar: Hacerte las preguntas más profundas sobre lo que quieres en la vida requiere estar tranquilo, porque de lo contrario no vas a escuchar las respuestas. Así que busca un lugar dónde puedas estar a solas y reflexiona sobre tu vida, tus metas y sueños. Mírate profundamente a ti mismo y descubre lo que quieres. Recuerda conversaciones con otros, habilidades personales y relaciones entrañables. ¿Estás muy lejos de donde te gustaría estar? ¿Por qué? ¿Cómo podrías ir allí? ¿Qué camino puedes tomar?

2. Escribe una carta a tu tataranieto: Piensa en cómo te presentarás, ¿qué le dirás? ¿Qué legado te gustaría dejarle? Puedes contarle qué aspiraciones tienes, qué conseguiste, por qué te gustaría ser recordado y qué te sentirías orgulloso de transmitirle. Tómate tu tiempo y piénsalo realmente. A veces, el simple acto de escribir sobre nosotros mismos puede abrirnos a verdades de las que no éramos conscientes antes. Es una buena terapia que animo a hacer siempre. Es una manera de sacar fuera lo que sientes e impulsarte adelante hacia una vida mejor.

3. Hazte preguntas importantes sobre la vida: ¿quién eres? ¿qué quieres de la vida? ¿Qué le pides? ¿Cuáles son tus valores? ¿Dónde te gustaría estar de aquí a cinco años? Resolver tu propio puzle puede ayudarte a descubrir lo que quieres de la vida y qué pasos debes tomar ahora para realizar tus sueños.

4. Decide qué es lo que te hace único. Esto te podría ayudar a ver qué es lo que más deseas desde lo más profundo de tu ser. Descubrir lo que es único en ti directamente te conducirá a que ver lo que puedes ofrecer al mundo y lo que el mundo puede darte a cambio.

Haz una lista de las cosas que te encantan en la vida. Cosas que te emocionen y te hagan feliz, que te hagan sentir como si realmente estuvieras vivo. No importa cuáles sean esas cosas. Usa tu libertad para escribir lo que quieras, como cocinar, practicar deportes, enseñar, viajar… Una vez que lo hayas hecho, reflexiona sobre cómo te has sentido con cada una de ellas. La razón es simple; tu pasión alimentará tu motivación. Sin pasión, tu motivación nunca durará. Así que averigua cuál es tu pasión.

Alinea tu pasión con tu trabajo. Cuando te apasiona algo, hasta lo harías gratis. Pregúntate: ¿Qué me pasaría haciendo todo el día por placer? Y así es como se empieza a hacer un gran trabajo. Y cuando pueda producir un gran trabajo, la gente le pagará más por el valor que creó. Es por eso que las personas que han logrado resultados sobresalientes en la vida y que aman lo que hacen siempre están motivadas. Parecen tener toda la energía del mundo, porque les apasiona lo que hacen.

La mayoría de la gente lo entiende al revés. Piensan que necesitan ganar mucho dinero y luego pueden jubilarse y hacer las cosas que aman. ¿Eres tú de los que creen que las cosas son así?

5. Piensa en las personas por las que sientes verdadera admiración: ¿Quiénes son las cinco personas del mundo que más admiras? Escribe su nombre y qué cualidades tiene cada una de ella que te hace admirarles tanto. Ahora piensa en ti mismo: ¿Tienes algunos de esos atributos que admiras en las personas que has elegido? Si es así, ¡enhorabuena! Te darán una fuerza tremenda. Si crees que no las tienes, o no al grado que te gustaría, mira esas cualidades como si fueran algo en lo que tú mismo estuvieras trabajando y esfuérzate por implementarlas en tu personalidad. Estas cualidades pueden darte algunas pistas geniales sobre lo que quieres de la vida, en el fondo.

6. Cuida tu diálogo interior. Eres lo que siempre dices que eres. Así que ten cuidado con las palabras que usas. ¿Qué te dices constantemente a ti mismo? Incluso si no lo dijiste en voz alta y sólo lo dijiste en tu mente, las palabras que uses dejarán un gran impacto en tu vida. Te verás grandemente afectado por las palabras que utilices. Cuando algo parece que te supera y que no puedes con

ello, usa una frase positiva como, "Bueno, esto pasará". Cuando las cosas no suceden como esperabas, piensa en algo que puedas aprender de ahí.

Usa palabras que te den fuerza. Luego comprueba qué efecto tiene en tu cuerpo y en tus emociones lo que has dicho. ¿Ha disminuido tu estrés y tensión en los hombros? ¿Te sientes más feliz, más comprensivo? ¿Te da esperanza? Acostúmbrate a observarte, a ser consciente de lo que pasa en tu cuerpo y en la relación que tiene con tus pensamientos. Entonces, describe la situación con palabras positivas y verás cómo cambia tu sentimiento. Y cuando tu sentimiento cambie, podrás encontrar una mejor solución para la situación. Las palabras que usas tienen poder. Usa palabras de empoderamiento y vivirás una vida de empoderamiento. Usa palabras negativas y vivirás en la más profunda miseria.

7. Pregúntate: "¿qué haría si…?" Esta pregunta es muy poderosa. Tristemente, a veces tenemos tantos retos que sortear que es como si no pudiéramos ver más que lo que tenemos delante. Lo que me gustaría aquí es que imaginaras que no tienes ningún límite en tu vida. Acalla a tu ego y da rienda suelta a tu pensamiento. ¿Qué harías entonces? Dedica unos minutos al día a visualizar el tipo de vida que deseas y mira como un observador curioso qué obstáculos reales tienes y cuáles puedes remover de un plumazo. Acto seguido, actúa para conseguirlo.

8. ¿Cuál es tu conjunto de cualidades y qué logros has tenido ya en la vida? ¿En qué eres bueno? No seas modesto. ¿Qué elogios recibes de los demás y por qué tipo de cosas? Haz una lista de todos ellos y no te olvides de uno solo, especialmente aquellas cosas que supuso un verdadero desafío para ti. Por ejemplo, si eres tímido y te acercaste a

un grupo el primer día de clase; si no se te dan bien las matemáticas e hiciste bien la declaración de la renta o si planeaste el viaje de tu vida y todo el grupo se divirtió un montón. Luego evalúalas, y ve si puedes encontrar ahí un significado más profundo de cómo eres, qué te gusta y qué haces bien. Te dará el empujón que necesitas para hacer crecer tu motivación y seguir tras la consecución de los proyectos que te hacen feliz.

Capítulo 4

Técnicas para aumentar tu Motivación

Ahora ya sabes qué es la motivación y de dónde proviene, has aprendido qué tipo de cosas pueden agotar la motivación y dónde buscar una fuente inagotable de poder para aumentar y fortalecer tu motivación y la confianza en ti mismo.

¿Qué pasa con las tácticas para combatir la pereza, el olvido o lo que sea que está provocando tu falta de motivación?

Vamos a ponernos manos a la obra:

Tu primer paso es escribir qué es lo que quieres. Establece un objetivo alcanzable y medible. Acuérdate de las metas SMART (por sus siglas en inglés)

1. Sé específico: *"Quiero hacer un amigo esta semana"*
2. Que lo puedas medir: que puedas medir qué tan completado está el proyecto. *"Para hoy miércoles me he apuntado a un grupo de lectura y he intercambiado mi email con dos asistentes"*
3. Alcanzable: que el éxito de aquello que te propongas esté en tus manos. *"Me estoy esforzando por ser abierto y proactivo a pesar de mi introversión"*
4. Realista: *"La gente del grupo me cae bien, me gustan sus temas de conversación así que es fácil unirme a ellas"*
5. Tiene una fecha límite: *"7 días de plazo. Para el domingo"*

Este es un ejemplo de cómo establecer objetivos inteligentes (SMART). Le da una estructura a tu plan para lograr tu objetivo. Aunque debes concentrarse en muchas cosas y superar todos los obstáculos que se interponen en el medio, este método tiene varias ventajas. Te da un objetivo claro de tu meta, es más fácil de conseguir porque la has dividido en varias partes. Además, los objetivos SMART dan una clara transparencia a todo el proceso, de modo que puedas ver en qué has fallado, y cómo ajustarlo para seguir adelante.

Piensa en la motivación como la gasolina que pones en el auto. Puedes llenar el depósito, incluso puedes encender el motor y dejarlo en ralentí. Sacarlo del garaje y volver loco a los vecinos acelerando el motor. Pero si no has pensado ya a dónde vas, sin un destino, no irás a ningún lado. Sólo cuando tu coche está lleno de gasolina, tienes un destino en mente y un mapa empiezas un viaje emocionante.

Entonces, repasemos algunos ejercicios para ayudarte a recordar por qué
estás haciendo todo este arduo trabajo.

Ejercicio # 1

Hazte un *collage* (o mapa) o traza un plan de actividades que representen bien tu objetivo, que sea lo más completo posible. Ponlo en algún lugar visible para que pueda recordarte lo que estás luchando.

Supón que quieres mejorar tu autoestima.
- Comienza cada día con afirmaciones delante del espejo. Dite palabras bonitas cómo "Me quiero mucho, soy valioso …. (y di tu nombre)
- Arréglate aunque no vayas a salir. Ponte algo que te quede bien y con lo que te sientas bien.

- Mírate cada poco tiempo en el espejo y salúdate de manera cariñosa o guíñate un ojo, aunque te parezca raro al principio.
- Compra comida sana y hazte un menú sabroso.
- Sal a hacer ejercicio y planifica tiempo de calidad contigo mismo en tus lugares o espacios favoritos. Si no tienes uno, búscalo, uno que te dé paz y que resuene contigo.
- Sácate una foto de tu mejor día /días. Ponla en la pared, frigorífico o puerta de la habitación; en el móvil también. Mírala todos los días, estarás motivado para hacer más cambios. Incluso cuando te sientas deprimido, ver o acordarte de esta foto podría ser suficiente para emocionarte de nuevo.
- Toma el calendario y vete escribiendo lo que hiciste cada día que contribuyó a aumentar tu autoestima. Sigue así el siguiente mes también.
- Repítete: "Voy a continuar haciéndolo aunque tenga un día de bajón." Esta frase te dará la fuerza para ser constante.
- Sé capaz de verte con una autoestima alta: ¿Cómo te sientes? ¿Cómo te mueves? ¿Qué actividades haces?

¡Ya sólo de pensar que lo estás haciendo, me emociono!

Ejercicio # 2

Iniciar un vlog puede ser una excelente manera de mantenerse motivado. Puedes mantener un vlog para ti mismo, o puedes publicarlo en línea. Es un registro de todos lo que haces, incluso de tus logros pasados en video contando tu propia historia, tu verdad. Podrás verlo en cualquier momento. Ver cómo actúas, piensas, te mueves y te relacionas con el trabajo o con otros favorecerá una buena imagen y concepto que tienes de ti mismo. Te dará la fuerza necesaria para continuar.

- Te permite monitorizar tu progreso, darte cuenta de todo lo que has logrado hasta ahora y es posible que obtengas esa motivación extra que te hace falta.

- Te hace rendir cuentas o ser responsable ante alguien. De hecho, si lo publicas en YouTube y consigues seguidores, serás responsable ante un montón de personas. Puedes decirles cual es el objetivo de tu vlog y comunicarte desde la autenticidad. Tendrás más motivación para seguir adelante porque sabes que decepcionarás a tus espectadores si lo dejas o te equivocas. Si te siguen es porque les gustas, están de tu lado; ellos quieren que triunfes.

- Aunque ésta es una excelente manera de mantener su motivación fuerte, tiene una desventaja: hay *"haters"*. No es personal. Siempre hay gente que se dedica a fastidiar a los demás. Ignóralos.

- Por otro lado, no creas que tienes que explicar todo lo que haces y por qué, ni siquiera si te equivocas. Recuerda que como ser humano tienes derecho a equivocarte. Recibirás comentarios de todo tipo. Quédate con los que te animan. Sus comentarios pueden ayudarte a mantenerte motivado y a forjar el carácter cuando las cosas no vayan como esperas y estés avergonzado por ello.

Ejercicio # 3
Los recordatorios oportunos son necesarios. He aquí cómo puedes hacerlo. Sé tan original como se te ocurra:

- ✓ Anota tus objetivos y las razones que hay detrás para querer cumplirlos. Es una forma sencilla de mantenerte motivado acerca de un proyecto u objetivo. Al escribir estas notas y hacer muchas copias de ellas, las tendrás siempre a mano porque las habrás puesto en lugares estratégicos para alentarte a conseguirlo. Es un plan genial y un antídoto contra el desánimo. Otra idea, es escribir una vez más tu objetivo cuando te sientes así. Escribe lo que sientes cuando estableces la meta por primera vez para que puedas leerlo y ver qué es lo que querías y por qué lo estás intentando, aunque te cueste.

- ✓ Escribe un diario. Mucha gente ya está acostumbrada a mantener un diario, por lo que este método podría funcionar bien porque, como ya es un hábito, recordarás escribir en el a menudo, si no, sentirás que te falta algo. Lo leerás, releerás y actualizarás. Puedes escribir tus pensamientos, impresiones y sentimientos y cuando superes un obstáculo particularmente difícil en tu vida, también lo dejaras registrado en tu diario. Para lograr tu objetivo, puedes leer el diario para motivarte aún más.

- ✓ Inicia un blog en línea. Esto tiene la misma ventaja que tienen los blogs de video: serás responsable ante la gente si usas un blog para escribir un diario y consigues seguidores. Si esto te parece que es algo que te gustaría intentar, todo lo que necesitas hacer es registrarte en algún blog gratuito para comenzar o hacerte una web.

Ejercicio # 4
Crear una rutina también es una de las mejores formas de mantenerte motivado en tu viaje, porque los hábitos que desarrolles te mantendrán en marcha incluso cuando no te

apetece. Los hábitos son difíciles de romper (como mi costumbre de morderme las uñas, que duró décadas). Pero lo difícil es cuando comienzas por primera vez, porque se necesita algo de disciplina para construir una rutina en primer lugar.

Si deseas crear una rutina, comienza estableciendo metas diarias. Descubre qué vas a hacer a diario y luego adjudícale un tiempo para hacerlo. Si es necesario, haz un horario y ve donde encaja, o simplemente agrégalo a tu lista de tareas pendientes. Se necesitan aproximadamente cuatro semanas para desarrollar un hábito, por lo que deberás ser fuerte durante esas cuatro semanas. Después de eso, te resultará mucho más fácil mantenerse motivado porque ya tendrás el hábito de trabajar hacia tu objetivo.

Capítulo 5

Cómo canalizar tu motivación

En este capítulo, vamos a hablar sobre cómo puedes canalizar tu motivación para ser más eficaz. Necesitas canalizar tu energía hacia acciones que te lleven a buen puerto.
Es como el ejemplo anterior que usé con el auto.

Acelera el motor del coche estando parado, a ver qué pasa. No te moverás a menos que lo pongas en marcha, no importa lo fuerte que pises el acelerador; aunque no te muevas, ¡te quedarás sin gasolina! Del mismo modo, que te quedarás sin motivación si ves que no estás logrando resultados.

El problema que tienen muchas personas es que no tienen idea de cómo dar dirección a su proyecto, entonces trabajan mucho en las cosas equivocadas y acaban decepcionados y agotados. Es como dar golpes de ciego ya que no saben qué es AQUELLO que deben hacer para hacer funcionar su proyecto.

 Esto le pasó a Rafael, como estaba buscando trabajo, decidió echar solicitudes en internet a las compañías de su sector. El problema era que ninguna le llamaba así que él se frustraba y seguía echando C.V.s resignado.

Le sugerí llamar personalmente a esas empresas y hablar con el responsable de recursos humanos para decirle que hace unos días solicitó un puesto de trabajo allí y quería saber cómo iba el proceso de selección. Y cuál es el perfil que están buscando exactamente.

Al principio le daba mucha vergüenza y tenía ese halo de negatividad por no haber conseguido ninguna entrevista todavía. Sin embargo, a medida que iba visitando diferentes empresas, se hizo resiliente, mejoró sus habilidades sociales y creció en confianza.

Aunque muchos declinaban su visita porque estaban ocupados, algunos le citaron para uno o dos días después. Los conocimientos que adquirió informalmente durante estas visitas, le ayudaron a perfilar mejor su candidatura. Como resultado, en el plazo de mes y medio ya tenía trabajo. Cada visita le servía de muelle para coger impulso. Ya había dirigido su motivación en una tarea clara que le ayudó a obtener el trabajo que quería.

Considera tus pasos, y cada cosa que se te ocurra para poner en marcha tu objetivo, téstala: ¿De qué manera concreta me ayuda esto a conseguir mi meta? Hazlo a menudo, especialmente, si llevas mucho tiempo intentando lograr tu objetivo.

Para remediar caer en el error de no canalizar tu motivación, la *educación* es la clave. ¿Qué quieres hacer y cómo puedes conseguirlo? Si quieres emprender, no basta con tener la ilusión, sino que necesitas saber cómo hacer negocios, cómo hacer contactos y cómo vender sin sentirte culpable. Si quieres poner límites personales, conócete primero y descubre lo que te agrada y lo que no. El segundo paso es trasmitírselo a los demás de manera asertiva.

Si no te educas, por muy motivado que estés, dedicarás tu tiempo y energía a hacer cosas que no promover su éxito. Eventualmente te frustrarás y te rendirás.

Efectivamente, necesitas tener un plan de cómo vas para lograrlo. El plan es como tu hoja de ruta en el ejemplo del automóvil. Podrías tener un destino y un automóvil con gasolina, pero a menos que sigas un mapa u hoja de ruta, tus posibilidades de perderte en el camino son bastante altas.

Hacer una hoja de ruta es diferente según el tipo de objetivo que te pongas, pero si deseas mantener la motivación a largo plazo, encuentra una manera de canalizarla en algo que realmente te traerá éxito y así, coseches el fruto de tus esfuerzos.

A continuación, se ofrecen algunos consejos que le ayudarán a conseguirlo.
Una excelente manera de planificar metas, y además muy divertida y motivadora, es seguir un método de cuenta atrás o planificación al revés.

Define claramente tu objetivo. No puedes simplemente decir: "Quiero que los demás me respeten". Muy bien, es un deseo muy válido, pero ¿cómo lo vas a hacer? Debes ser específico. Cuando demandas respeto, ¿a quién exactamente te estás refiriendo? y ¿qué conducta tienen que modificar para que tú te sientas respetado por ellos?

Si quieres ahorrar para hacer un viaje, puedes decidir de antemano cuánto dinero puedes ahorrar cada mes y separarlo el primer día de cobro para evitar gastarlo. Para no ceder a la tentación y reforzar tu plan, puedes poner algún poster o foto del lugar que has elegido para irte de vacaciones e imaginarte allí, caminando por ellas calles, haciendo submarinismo o cualquier otra locura que te apetezca.

Evalúa tus movimientos, esos pequeños o grandes pasos que estás haciendo y lo que has logrado hasta el momento.
Determina cuáles te sirven y a qué paso van.

A partir de ahí, el proceso ya es fácil. Tú motivación está a tope y te sientes grande, exitoso. Vas aprendiendo según la marcha.

Si puedes ver lo que necesitas hacer para lograr tu objetivo, y cómo te ha venido haber hecho el paso anterior a ese, y el anterior a ese…, en poco tiempo, tendrás un plan completo paso a paso sobre cómo logra tu meta. Pero todo comienza con ese primer y último paso.

Capítulo 6

Mantener tu motivación alta por largos periodos de tiempo

Algunas de sus metas pueden lograrse en relativamente poco tiempo y otras toman años. Algunas metas son de por vida como el autocuidado que te debes prodigar. Como es tan necesario, tendrás que construir buenos hábitos cada día y preservarlos a pesar de lo que venga.

Construirte un modo de vida que funcione para ti, puede ser la tarea más deleitable de todas, sobre todo, porque sabes que si tú estás bien, los demás a tu alrededor también estarán bien. Cuidarte a ti mismo es la muestra de amor más grande hacia otro ser humano ya que estarás en mejor disposición para ser un padre, hijo, amigo y trabajador.

No te va a ser difícil crear el hábito porque intentas trabajar hacia ese objetivo todos los días, semanas, meses y años. Para no desesperarte al principio y estar motivado, una estrategia de metas pequeñas y fácilmente accesibles a medida que avanza el tiempo es lo más sabio.

Antes de comenzar con eso, debes tener en cuenta algo. Estate alerta en contra de fijarte metas poco realistas. Eso sería un gran problema para tu motivación, porque sabrás en tu fuero interno que no puedes lograr el objetivo, o al menos, en
ese tiempo asignado y de esa manera.

Si tu objetivo es aprender a bailar *line dancing* tendrás que practicar y tomar lecciones.

¿Cómo te comerías un elefante? Dando un bocado a la vez, por supuesto. Entonces, si piensas en todos los pasos necesarios para lograr tu objetivo y cuánto tardarás en llegar allí, probablemente te sentirás bastante desanimado. Pero cuando rompes una meta al tamaño de un bocado, eres capaz de poner un pie delante del otro sin preocuparse demasiado mucho sobre el destino final.

¿Cómo haces eso?

1. Sigue las pautas que te he dado en cada capítulo. Dado que conoces el primer paso necesarios para lograr tu objetivo, ahora puedes dividir ese paso en pasitos más pequeños del tamaño de un bocado.

2. Cualquiera que sea el objetivo que tengas en mente, siempre puedes desglosarlo más hasta conseguir objetivos más pequeños, más manejables y, en última instancia, más alcanzables.

Capítulo 7

Conclusión y resumen

Gracias por haber leído este libro. Espero que hayas adquirido una mayor comprensión de cómo funciona la motivación y cómo puedes manejarla para alcanzar tus metas y mejorar tu vida.

Para asegurarte de que conoces cada paso y que lo puedes seguir con éxito hasta lograr cada uno de tus objetivos, hagamos un rápido resumen de cada capítulo. He incluido aquí los conceptos básicos para que tengas una guía fácil de referencia siempre a mano.

En el capítulo uno, te destripé el concepto de motivación y aprendiste un poco más sobre cómo funciona.

La motivación se define básicamente como la fuerza que te impulsa a hacer cualquier cosa. Los tres componentes de la motivación son la *activación*, o el punto en el que te pones en marcha con una primera acción para lograr tu objetivo: la *persistencia*, que es cuán comprometido estás con el objetivo y la *intensidad*, que es lo duro que estás dispuesto a trabajar hacia la meta.

La motivación puede ser intrínseca o extrínseca y hay tres teorías como a la fuente de motivación: necesidades / impulsos, instintos y niveles de excitación. Lee un artículo más extenso titulado **La motivación intrínseca** en www.sensiblesyfelices.com

En el capítulo dos entendiste mejor algunas de las cosas que provocan bajos niveles de motivación. Esas causas estaban divididas en cuatro categorías diferentes:
1. Creencias habituales: creencias en las que has creído durante tanto tiempo que puede ser casi imposible cambiar de opinión sobre ellas. A veces, estas creencias pueden afectar la motivación.
2. Comportamientos habituales: comportamientos y hábitos que te mantienen atrapado y desmotivado para que no logres tus metas.
3. Peculiaridades de tu personalidad. Cosas que son innatas o tendencias hacia un comportamiento u otro pueden afectar tu motivación.
4. Problemas de salud: problemas de salud como depresión, niveles bajos de azúcar en sangre, hipotiroidismo, intolerancia al gluten e inflamación cerebral pueden afectar la motivación.

En el capítulo tres te describo algunas ideas sobre dónde encontrar fuentes de motivación que te ayuden a mantener tus niveles de motivación altos a pesar de los obstáculos.

Lo más efectivo es conocerte muy bien a ti mismo y averiguar cuáles son sus propias fuentes personales de motivación. Aquí se enumeran algunas maneras en las que puedes obtener esa información:

- Meditación
- Escribir a tu tataranieto
- Decide en qué eres único

- Hacer una lista de lo que te gusta hacer
- ¿A quién admiras?
- Imagina que eres completamente libre, sin límites
- Haga una lista de tus logros personales

En el capítulo cuatro te animé a seguir unos objetivos SMART (específico, medible, alcanzable, realista, con fecha límite) y te puse un ejemplo para que puedes imitarlo. También, describí algunas de las tácticas que puedes utilizar para aumentar tu motivación incluso cuando encuentres obstáculos, que los encontrarás.

- ✓ Hazte un *collage* o redacta un plan de actividades que representen tu objetivo y ponlo en un lugar visible para que pueda recordarte por lo que estás luchando.

- ✓ Inicia un Vlog: un blog de video en YouTube o en algún otro sitio para que puedas ver su progreso a medida que trabajas hacia tu objetivo, así como tener una audiencia de espectadores para que te apoyen y a la que tengas que dar cuenta.

- ✓ Utiliza notas y ponlas en lugares estratégicos de la casa, o lleva un diario, para recordarte a ti mismo por qué comenzaste este proyecto en primer lugar.

- ✓ Escribe un blog con los resultados que obtienes. Al estar publicado y ser visible sentirás una mayor responsabilidad para seguir trabajando orientado a resultados.

- ✓ Crea una rutina: crea hábitos que le ayuden a alcanzar sus metas, entonces, harás lo que tienes que hacer por inercia, por la fuerza de la costumbre.

En el capítulo cinco vimos cómo orientar tu motivación hacia tareas que realmente te ayudarán a alcanzar tus metas. ¡Ojo! Cuidado con dirigir tu energía en acciones que no van a resultar en que alcances tu objetivo.

Como sugerencia, puedes ser creativo y trazar un plan hacia atrás, es decir, escribe dónde quieres terminar (tu objetivo) y vete restándole pasos hasta llegar al primero: el de la salida. Entonces, escribes el paso anterior a ese, y el paso anterior a ese, y así sucesivamente.

El capítulo seis habló sobre la necesidad de dividir tus metas en mini metas, del tamaño de un bocado, para que te sea más fácil cumplirlas, sin agobios. Ya sean metas a corto o largo plazo.

NOTA IMPORTANTE: Este es un manual de trabajo. El objetivo es que tomes lápiz y papel y te pongas en marcha. Traza tantos planes como objetivos tengas.

Me encantará que me digas tus resultados. Escríbeme a sensiblesyfelices@yahoo.com

www.ingramcontent.com/pod-product-compliance
Lightning Source LLC
Chambersburg PA
CBHW070905220526
45466CB00005B/2131